AF310895

MONTE-CARLO

DEVANT L'EUROPE

PAR

UN HOMME POLITIQUE

PARIS

CHEZ ALCAN-LEVY

18, PASSAGE DES DEUX-SŒURS, 18

1884

MONTE-CARLO

DEVANT L'EUROPE

PAR

UN HOMME POLITIQUE

PARIS

CHEZ ALCAN-LÉVY

18, PASSAGE DES DEUX-SŒURS, 18

1884

AVANT-PROPOS

Ce n'est ici ni un pamphlet ni une diatribe.

On n'y trouvera ni les rancunes d'un joueur malheureux ni les enthousiasmes d'un favori de la veine.

C'est l'étude sérieuse, réfléchie, poursuivie avec sang-froid, de la situation singulière dans laquelle se continue l'existence de Monaco, avec la maison de jeu qui lui donne toute son importance.

Nous demandons la fermeture de cette maison et la suppression du jeu, comme une mesure de salubrité publique, intéressant toutes les nations, exigée par l'honneur et la responsabilité de la France.

Dans cette œuvre d'hygiène internationale, nous avons de nombreux auxiliaires : en France, tous les habitants du littoral de la Méditerranée, la presse non soudoyée et l'opinion nettement formulée du Parlement; au dehors, toutes les chancelleries, tous les gouvernements, tous les pouvoirs publics, qui n'ont cessé de réclamer la même mesure; la presse des divers pays qui, chaque jour, sollicite la diplomatie d'inviter la France à en finir.

Un vaste mouvement de pétitions, de démarches, d'interpellations s'organise, auquel nous voulons apporter une base, une direction et l'appui d'une persévérance qui ne se lassera pas.

Notre étude sera publiée en plusieurs langues pour aider
à cette propagande sanitaire.

Nous la ferons tenir à tous les hommes politiques qui, dans
les diverses nations européennes, sont en état d'apporter à
cette cause le concours de leur influence et de peser du poids
de leur autorité sur l'attitude de leur gouvernement

Ce mouvement acquierra chaque jour plus de force jusqu'à
ce que, dans son courant irrésistible, il entraîne la chute définitive de la scandaleuse exploitation de Monte-Carlo.

MONTE-CARLO

DEVANT L'EUROPE

I

Monaco. — L'Europe. — La France

L'heure nous semble venue de saisir l'opinion, les chancelleries et les divers pouvoirs publics de l'Europe de cette question que des scandales multipliés ramènent violemment sur le tapis.

Il nous paraît nécessaire d'élucider définitivement la situation, que les défenseurs patentés d'une institution malfaisante s'étudient à embrouiller comme à plaisir. Les obscurités qu'ils propagent à dessein ne peuvent empêcher les représentations élues de voir le mal, elles ne doivent pas détourner les gouvernements de remplir leur devoir.

Nous voulons prouver aux plus timorés que la France, secondée par les autres Etats, peut et doit exiger du souverain monégasque, la suppression du tripot incessamment réclamée par les honnêtes gens de tous les pays.

Quelle est la situation de la principauté de Monaco vis-à-vis des autres puissances de l'Europe ?

Le prince Charles III, héritier et successeur des Grimaldi, est souverain de Monaco. Sans rechercher de titres plus anciens, cette souveraineté fut consacrée par le traité de Péronne, enregistré le 10 février 1643. Louis XIII la reconnaissait au prince Honoré II, mais en même temps lui imposait le protectorat de la France, qui se chargeait en quelque sorte exclusivement des relations extérieures de l'Etat monégasque.

Cette clause, on le voit, est absolument identique à celle qui caractérise les protectorats modernes.

Le traité du 30 mars 1814, sorti des délibérations du congrès de Paris, rétablissait Monaco dans cette situation; celui du 20 novembre 1815 substituait la Sardaigne à la France, dans le protectorat qui était maintenu et rendu plus sévère.

Aucun doute n'est possible sur ce point de fait. Tous les instruments diplomatiques l'ont constamment confirmé.

Après la guerre d'Italie, la garnison sarde évacua Monaco, et le 2 février 1861, l'empereur Napoléon III, entré en possession du comté de Nice, réglait par un nouveau traité la situation du prince régnant Charles III.

La souveraineté sur Monaco de l'héritier des Grimaldi, y est à nouveau reconnue et consacrée. Mais si le protectorat n'y est pas mentionné en toutes lettres, il résulte de toutes les stipulations de détail. — Charles III perdait Menton et Roquebrune, annexés à la France; il gardait Monaco et la Turbie, exactement dans les conditions et relations fixées par les traités antérieurs.

Ces rapports furent précisés dans la convention du 9 novembre 1865, complément du traité de 1861 et aussi son commentaire explicatif. Elle établit l'union douanière, abandonne tous les droits de douane et de navigation à la France, supprime le monopole du sel, oblige le prince à faire frapper sa monnaie à Paris, règle la justice et décide que tous les condamnés seront envoyés dans les établissements pénitentiaires de France.

La souveraineté subsistait, puisqu'on l'affirmait dans un instrument authentique, mais tous ses attributs réels passaient aux mains de la France; les attributs purement honorifiques, destinés à garder la fiction, demeurant seuls à Charles III.

Aussi bien n'en pouvait-il être autrement. Enclavée dans le territoire français, la principauté ne pouvait vivre qu'en confondant jusqu'à l'identité ses organes et ses rouages avec ceux de la France. Le prince en put aussitôt, le 8 février 1869, tirer la conclusion la plus évidente, c'est que tous les services publics onéreux étant à la charge de son voisin, il devait désormais exempter ses sujets des contributions directes et indirectes et de l'impôt des patentes.

On verra tout à l'heure qu'il avait facilement trouvé des ressources pour assurer la marche des services minuscules qui restaient à sa charge et n'avaient d'autre but, d'ailleurs, que de lui conserver les apparences d'un souverain.

Ainsi donc, par une tradition séculaire comme par des conventions formelles, par l'assentiment de l'Europe réunie en congrès comme par la pratique constante, incontestée, des chancelleries, Monaco forme un Etat indépendant, gouverné souverainement par son prince, mais sous la tutelle bienveillante, protectrice, et ave c l'appui de la France.

Souverain, le prince Charles de Monaco entretient un corps diplomatique et consulaire en divers pays : des consuls sont accrédités auprès de lui, ou simplement des vice-consuls, ou même des agents consulaires. Il a pu conclure des traités d'extradition avec divers Etats d'Europe.

Nous insistons spécialement sur ces faits, parce que nous tenons à ne fournir aucun prétexte pour qu'on se méprenne sur nos intentions et notre but. Nous n'en voulons en effet ni à l'indépendance de l'Etat monégasque, ni à la souveraineté de son prince. Nous estimons plutôt qu'il est bon de conserver dans notre Europe cet antique débris d'une ancienne organisation politique, n'eût-il d'autres avantages que de montrer, par un exemple vivant, le respect dû au droit des faibles. Nous désirons donc que l'on maintienne et sauvegarde Monaco, tout autant qu'Andorre et Saint-Marin.

Mais il est indispensable que l'existence de ces petits Etats ne couvre pas le foyer d'un danger permanent pour les autres. — Existant et vivant uniquement par l'accord et la garantie de l'Europe, ils doivent moralement et strictement à celle-ci d'écouter ses remontrances, de céder à ses invitations et, en certains cas, d'obtempérer à ses conseils.

Aujourd'hui ces conseils, appuyés au besoin par la pression diplomatique, ne peuvent être adressés indifféremment par toutes les chancelleries. Respectueux de la tradition, s'en aidant pour interpréter les traités de 1861 et de 1865, les divers gouvernements d'Europe reconnaissent tous que l'initiative appartient à la France, demeurée virtuellement suzeraine et sans contredit protectrice de Monaco.

La France doit donc le reconnaître sans atermoiements : elle est responsable vis-à-vis de l'Europe des actes et de la conduite de la principauté monégasque. Il n'y a pas un doute à cet égard dans les chancelleries, et leurs chefs, nous le montrerons plus loin, l'ont solennellement déclaré du haut de la tribune de leurs parlements.

II

Le Jeu et l'Etat monégasque

« Sur le territoire français, dit Elisée Reclus, (2ᵉ vol. *Géographie universelle*, page 909), il existe encore une enclave formant un Etat distinct, quoique de bien faible étendue : c'est le rocher de Monaco, entre Nice et Menton. Mais on a pu dire que l'existence de cet Etat minuscule, avec sa cour et sa diplomatie, était une simple fiction, imaginée pour masquer l'existence d'une grande maison de jeu sur terre française. Les habitants de Nice et de Menton ne cessent de réclamer la suppression de ces jeux. »

L'indépendance du prince de Monaco, si elle est, comme nous l'avons montré tout à l'heure, reconnue par des traités en due forme, n'a d'autre garantie réelle que les revenus fournis par le jeu. Tout impôt a été aboli en 1869 sur les habitants ; le Trésor ne prélève aucun droit de douane ; il partage avec la France les revenus des postes et des télégraphes ; il a renoncé à tous droits provenant de la ferme des monopoles, et la convention du 9 novembre 1865 a stipulé, en échange, une indemnité annuelle de 20,000 francs, que la France s'engageait à verser aux mains du prince. — De cette annuité, toutes nos recherches ne nous ont pas permis de trouver trace dans le budget français.

Il résulte de cette situation que, malgré leurs besoins fort restreints par la situation conventionnelle faite à l'Etat, tous les services publics de Monaco sont exclusivement alimentés par un prélèvement sur le produit de la roulette.

Travaux publics, dépenses de toutes sortes : de bienfaisance, de justice, de police, d'administration ; des fonctionnaires de toute nature, à l'extérieur et à l'intérieur, c'est la maison de jeu qui paye tout.

Ainsi stipendié, Monaco nous offre ce scandale d'un Etat uniquement entretenu par les profits du tripot. L'immoralité d'une telle organisation est si criante, qu'on se demande vraiment comment elle a pu être supportée patiemment jusqu'à ce jour. Il est des abus, perpétués en différents pays, voire chez des peuples barbares, que l'accord européen a su briser, même par la force, alors qu'ils étaient bien moins nuisibles à la civilisation générale et à la santé morale des nations en relations avec ces pays.

Le tripot de Monte-Carlo est un monopole concédé régulièrement à un fermier par l'autorité souveraine de Monaco. En 1856, Florestan 1ᵉʳ avait accordé le droit d'ouvrir une salle de jeu à MM. Napoléon Langlois et Albert Aubert. Le privilège ainsi octroyé devait durer trente ans. — En 1859, M. François Lefebvre obtint du prince régnant, Charles III, le monopole privilégié de l'exploitation du Casino, qu'il conserva jusqu'en 1863. — Le 21 mars de cette année, il céda son monopole à M Blanc, fermier des jeux de Hombourg, qui, déjà, étaient menacés par la législation allemande. En 1868, le palais du tripot de Monte-Carlo était terminé et la *Société anonyme des Bains de Mer et du Cercle des Etrangers* (ainsi se nomme la Société fermière), y installait définitivement sa fructueuse exploitation.

Si les panégyristes de Monaco et de Monte-Carlo nous ont soigneusement conservé ces dates. ils ont pris soin en revanche de garder un profond silence sur le cachier des charges contenant les conditions du monopole concédé.

Mais il est de notoriété publique, que ces conditions sont onéreuses. Le prélèvement sur les bénéfices du jeu, en faveur de l'Etat, est considérable. Le bilan publié chaque année par la Société pour l'édification de ses actionnaires, ne laisse à cet égard aucun doute.

Toutefois, si la contribution fournie par la Société Blanc paraît lourde pour de simples particuliers, il faut bien avouer qu'elle est assez mince, au regard des besoins et du budget d'un Etat même minuscule. Le scandale du contrat qui lie Monaco à la maison de jeu n'est même pas compensé par l'énormité du gain qu'en retire la principauté. Il a l'unique avantage de fournir au gouvernement un moyen commode d'alimenter son trésor, de le dispenser de chercher laborieusement des ressources, comme tout gouvernement y est obligé en ce monde, mais il ne lui procure même pas la richesse, et en réalité n'établit pas un gros obstacle à ceux qui voudront le faire disparaître.

Sans doute, les écrivains à la solde de l'administration des jeux trouvent cela parfaitement convenable ; ils passent volontiers sur le scandale même d'une telle situation, sur les déplorables et graves conséquences du maintien du tripot ; ils croient avoir répondu à toutes les objections, en nous vantant les largesses de la *Société des Bains de Mer*, les fondations utiles, les œuvres de bienfaisance ou de charité entretenues grâce à l'argent qui vient de la cagnotte ; ils prétendent que le vice est canalisé pour le bien de tous.

L'argument est spécieux ; il trouve souvent faveur, nous ne songeons pas à le nier. Mais personne n'admettra qu'un Etat soit constitué de telle sorte qu'il vive uniquement du produit détourné d'une caisse alimentée par le vice, même canalisé.

Il y a sans contredit, dans presque tous les gouvernements, des abus regrettables, des corruptions honteuses, qui de temps à autre éclatent au grand jour. Jamais on n'a songé à les légitimer, à les vanter comme une marche normale d'administration. Au contraire, les révélations de cette nature arrachent aussitôt aux peuples des demandes, et aux pouvoirs établis, des promesses de réforme radicale.

Et s'il existe certains revenus publics, provenant de sources difficilement avouables, c'est à l'état d'exception peu importante, et toujours l'on a solennellement déclaré qu'on étudiait le moyen de s'en passer.

Mais nulle part on ne voit un pays cherchant ses uniques ressources dans l'exploitation des joueurs et s'en glorifiant ensuite comme d'une supériorité digne de l'envie de tous.

Monaco seul présente cette anomalie monstrueuse, qui ne saurait subsister longtemps devant les cris de l'indignation universelle.

III

Le Casino de Monte-Carlo

On a vu plus haut qu'il est la propriété de la *Société des Bains de Mer et du Cercle des Etrangers*. Fiction encore que ce titre presque pompeux, au moins par sa longueur. Les bains de mer sont un véritable mythe. Quant au cercle, il existe, et il est organisé savamment, dans le but unique de retenir les joueurs, jusqu'à ce qu'ils aient laissé leur dernier écu sur les tables du tripot.

Il n'y a ni salon de réception, ni promenades. Une administration jalouse ne tarderait pas à faire retirer la permission de tenir un hôtel à celui qui tenterait de retenir ses clients par une attraction quelconque. Les concerts eux-mêmes, dont on abuse, semblent calculés pour énerver les auditeurs, pour les faire fuir de la salle, où une musique monotone les affole, vers les tables de jeu.

L'organisation du casino est rigoureusement faite pour extraire du public tout l'or qu'il est susceptible, par faiblesse, entraînement ou séduction de jeter sur le tapis vert. Il serait aisé de nous faire ici l'écho des virulentes critiques écloses dans tous les pays. Beaucoup, désabusés, éclairés trop tard, ont jeté à la face de cette administration rapace les vérités les plus cruelles. Nous n'avons pas à faire ici œuvre de haine ni de rancune. Nous ne sommes pas des victimes de l'orgie de Monte-Carlo. Nous sommes de simples spectateurs, désintéressés, de sang-froid, mais révoltés par l'ignominieux spectacle que nous avons dû contempler.

Nous laisserons donc délibérément de côté toutes les accusations violentes portées contre Monte-Carlo par les décavés. Ce sont des témoins sujets à caution, mais dont les dépositions, même exagérées, fourniront cependant des éléments précieux, incontestables, à l'instruction du procès.

L'omnipotence de l'administration des jeux est absolue ; elle est profondément immorale et scandaleuse. Chacun sait, et nous n'avons pas besoin de le démontrer, qu'un joueur mécontent, s'il se permet de réclamer, s'il n'a pas à sa disposition la presse qui fera du bruit sur l'iniquité commise, est expulsé sans pitié de la Principauté. Le commissaire général est aux ordres de la direction de Monte-Carlo. Il obéit à ses ukases, sans jamais discuter, sans jamais écouter une réclamation. — Car l'administration est infaillible ; elle le proclame de toutes façons ; jamais elle ne peut se tromper ni être trompée. Donc, elle ne rend jamais de comptes, n'en doit pas et ferme violemment la bouche à tout récalcitrant: elle appelle au besoin à son aide les carabiniers, pour le reconduire à la frontière.

Cette sujétion des pouvoirs publics à la Société des jeux constitue précisément le grief le plus grave contre l'existence du tripot de Monte-Carlo. Il serait naïf de démontrer que la Société n'a d'autre intérêt que de faire jouer, de prendre aux joueurs tout leur argent et de ne les laisser partir que totalement ruinés. L'entreprise n'est pas une association philanthropique et humanitaire ; elle est organisée exclusivement pour le gain et elle s'efforce de l'obtenir le plus gros possible. Elle n'a même pas la prudence, la réserve, la délicatesse de procédés qu'observent des maisons connues, honorables, anciennes, solides, assurées de durer. Son privilège est si exorbitant, si monstrueuse est l'avidité à laquelle elle est condamnée, qu'elle pressent l'époque prochaine à laquelle il faudra fermer boutique. Elle se hâte d'en jouir à outrance, sans souci du lendemain, tirant du présent tout ce qu'il peut donner et disant volontiers: Après moi, le déluge !

Mais s'il est facile de comprendre que tel soit le rôle de la Société des jeux, il est inadmissible que le gouvernement monégasque réduise le sien à celui de pur et simple souteneur de ce brigandage, qu'il en soit l'esclave absolument soumis, docile quand même. Sans doute, il peut difficilement se soustraire à une telle servitude, puisqu'il en tire, sous forme de salaire, les quelques millions annuels nécessaires à sa marche. Si étrange, si offensant pour la morale et la probité, si immonde que soit un tel rôle, il est conforme à la logique des choses. La vie privée des individus montre chaque jour de trop nombreux exemples d'une telle dégradation.

A cet égard, nous n'avons pas de réquisitoire à dresser, de preuves à faire. Le débat est ouvert depuis plusieurs années; les témoignages abondent, ils se sont multipliés dans tous les pays, terribles, écrasants, péremptoires. Il n'est pas un gouvernement qui ne soit pleinement édifié, et s'il fallait un supplément d'enquête, avant de prononcer le jugement définitif, l'opinion s'empresserait d'en fournir les éléme nts.

Il nous répugne, pour notre part, d'entrer dans cette voie, de dévoiler toutes les ignominies commises, tous les roueries de ce vol si puissamment, si savamment combiné. Ce n'est pas notre affaire, encore une fois, c'est celle des juges. L'accusation est catégorique, elle est universelle. Les plaintes sont infin ies en nombre, en gravité. Il y a lieu à tout le moins d'instruire.

Toutefois, il faut bien retenir de tout ce qui se dit et se publie, les faits principaux, — parce qu'ils importent grandement à la cause de la Justice que nous soutenons.

Or, le jeu à Monte-Carlo n'est autre chose que le vol à peine dissimulé, couvert par une légalité boiteuse, protégé par une souveraineté qu'il entretient, garanti par une indépendance qui le soustrait à toutes les responsabilités juridiques, défendu par un absolutisme administratif qui ne laisse ouverture à aucun recours.

Le jeu s'alimente grâce à la complicité organisée des vices les plus honteux, de ceux qui rongent comme un chancre incurable notre société. La prostitution la plus cynique est son auxiliaire favori. Le terrain est si délicat, si scabreux que nous n'osons même effleurer les détails. Tout visiteur de Monte-Carlo les connaît d'ailleurs et trop bien par une chère expérience. La courtisane de bas étage est l'alliée du croupier, le rabatteur de l'administration, son espion, et, au besoin, son sbire, chargée de préparer et d'assurer l'exécution des mauvais coups. Elle vole la mise du joueur inexpérimenté, elle s'accole au flanc du joueur heureux, qu'elle a pour mission, grassement rétribuée, de ne pas laisser partir, emportant son gain. S'il lui est absolument impossible de le ramener au tapis vert, les bosquets d'orangers la verront l'étourdir, l'entraîner au guet-apens, où il perdra son portefeuille et souvent aussi la vie.

Auri sacra fames! Jamais l'imprécation du poète ne fut mieux en situation! La tricherie devient la règle la plus sûre de tous les employés de la Société. Il y a une échelle compliquée et savante de primes, allouées à quiconque sait le mieux, le plus adroitement et le plus efficacement pour la caisse, corriger les défectuosités, les faiblesses ou les oublis du hasard. Le croupier, ordinairement recruté parmi les anciens joueurs, est un grec-hors ligne, mais patenté, autorisé, soutenu et protégé. Son audace est si grande, qu'il ne prend même pas la peine de dissimuler son habileté. Il sait que l'omnipotence de la Société couvre en tout cas son crime. Il n'est exposé qu'au cas où il sera maladroit, timide, hésitant, que s'il ne sait pas préserver la caisse d'une perte sensible.

Si aucune loyauté ne préside à la tenue des jeux, le hasard cependant favorise parfois les malheureux attaqués par l'administration. Celle-ci n'a plus alors de repos qu'elle ne les ait forcés de revenir exposer leur profit aux batteries de son tapis vert. Pour cela, tout lui est bon. Elle a de nombreux complices : les filles, dont nous parlions, les hôteliers dont elle tient le sort entre ses mains, les décavés soumis et dociles qu'elle entretient et qui sont pour elle de véritables *moutons* de police. Elle viole au besoin le secret des lettres, car le cabinet noir épuise tout le secret de sa science à son bénéfice.

Elle compte d'ailleurs avec raison sur les passions humaines : la naïveté, l'étourderie, la fureur, la jalousie, l'avidité, tous les défauts, tous les vices de l'homme sont escomptés, jaugés ; tous sont sollicités pour drainer en faveur de la caisse les poches des pauvres victimes du jeu.

Vivant d'eux, l'administration est fatalement obligée d'encourager les vices de toutes manières et par les procédés les plus puissants. Elle est souveraine-maîtresse d'admettre au Casino ou d'en éloigner le visiteur. Elle délivre une carte d'entrée au premier venu, fût-il imberbe, mineur, irresponsable ; fût-il en état de démence, de folie, d'idiotisme. Ni contrôle, ni garantie. Elle refuse cette carte à sa guise, si elle voit une figure qui lui déplaît, un joueur échaudé, qui a appris à ses dépens les manœuvres frauduleuses de la maison et qui serait capable de les faire toucher du doigt à l'assistance.

La population qu'elle admet dans ses salons, est, on ne le sait que trop, composée, pour une bonne moitié, de femmes vivant de la prostitution. Ces mégères, soudoyées par le Casino pour la plupart, filent les joueurs heureux, et ne les laissent sortir de Monte-Carlo qu'entièrement dépouillés. Aux tables de jeu, elles montrent des doigts crochus, mais si une contestation s'élève, elles ont toujours raison. Le chef de partie a pour consigne de leur donner quand même gain de cause, et quand elles amènent un joueur favorisé à faire « le gros coup » qui le fera tout perdre, elles touchent une forte gratification.

Les ruses employées par l'administration pour empêcher quiconque de lui emporter de l'argent sont innombrables et inimaginables. A Monte-Carlo, il est permis, louable, d'apporter son or ; il est défendu, intolérable, d'en emporter. Le procédé de M. François Blanc, son vrai fondateur, n'est qu'un faible spécimen du savoir-faire avec lequel on sait maintenir à un bon niveau les flots de ce Pactole.

Les salons ferment à onze heures. Sitôt les portes closes, cet exploiteur avisé réunissait tout son personnel subventionné : grecs, filles, bohêmes et autres. Il se faisait raconter les résultats de la journée, et s'il apprenait qu'un joueur avait gagné une somme respectable, il s'enquérait aussitôt de l'hôtel où il était descendu, le recommandait tout spécialement aux soins de l'hôtelier qui, en pareil cas, vantait l'excellence de sa cave, afin de donner de l'entrain au client. Rarement, bien rarement, ce dernier quittait Monte-Carlo les poches garnies.

Ce n'est là qu'une anecdote, mais combien elle est caractéristique !

Jadis, le joueur décavé recevait, comme à Baden, Hombourg, Wiesbaden, les subsides nécessaires à son rapatriement. Il passait à la caisse, on lui remettait son billet de chemin de fer, un peu d'argent pour les frais de route. et on lui faisait promettre de ne plus s'approcher des tables de jeu. C'était bien le moins que l'administration condescendît à lui rendre ce faible pécule sur ce qu'elle lui avait pris. Revenu près des siens, le pauvre naufragé retrouvait dans les tendres sollicitudes de la famille la consolation qui le réconfortait ; la saine atmosphère d'un intérieur honnête dilatait son cœur et redressait sa conscience. Cette convalescence morale le remettait debout pour les luttes loyales de la vie.

Mais ces beaux temps sont loin. Pressés de jouir, d'amasser, les nouveaux administrateurs ont rompu avec cet usage ; ils ont rejeté cette dernière pudeur elle-même. Le décavé n'a plus désormais qu'une ressource : voler ou se tuer.

IV

Les Victimes

L'organisation même dont nous venons d'esquisser les grands traits, laisse facilement comprendre qu'elles sont innombrables. On peut en effet poser en axiome qu'est une victime fatalement, inexorablement marquée pour le sacrifice, quiconque franchit le seuil des salons de jeu. On entre dans le repaire, la poche garnie, le cœur plein d'espérances, l'esprit gonflé d'illusions. On en sort finalement ruiné, désespéré, démoralisé ou déséquilibré!

La folie est une des suites les plus ordinaires de la spoliation savante de Monte-Carlo. Si l'aliénation mentale ne se traduit pas toujours par des actes si patents de démence qu'ils amènent l'internement du malheureux sujet dans un asile spécial, à coup sûr celui-ci revient l'esprit troublé, les facultés désorganisées, privé de toute clarté, de toute netteté dans ses vues, de toute rectitude de jugement, n'ayant plus au cœur qu'une passion : ramasser par tous les moyens, *per fas et nefas*, de quoi prendre sa revanche.

Il retourne donc à Monte-Carlo, y est à nouveau dévalisé, et cette fois, c'est un homme fini, perdu pour la morale, pour la lutte, pour la société, pour la famille. Il est déclassé à jamais; tout à l'heure la Bohême le conduira au parasitisme, à la vie d'expédients. — On le retrouve dans les cercles interlopes, où il se fait la main, puis quand il est devenu un grec consommé, il échoue à Monte-Carlo. Regardez bien en face de vous, aux tables du Casino. L'ex-joueur malheureux est un des croupiers qui nourrissent la Banque. Celle-ci l'alimente après l'avoir dépouillé. A son tour, il vole les naïfs, dont il n'est plus.

Si la conscience du décavé se refuse à ces lâches compromissions, il va devant lui absolument perdu, inconscient. — On le ramasse un beau soir et il devient le pensionnaire incurable d'un de ces établissements que la société est obligée d'entretenir pour recueillir ces naufragés de la vie.

Mais le plus souvent, si l'espérance a été grande, si l'effort pour violenter la veine a été considérable, si pour ponter, le pauvre diable a engagé toutes ses ressources, il ne va pas si loin. Il se tue

Le suicide est le fait divers le plus commun, dans ce petit État qui compte à peine 12,000 habitants. Les bosquets d'orangers de Monte-Carlo sont le théâtre habituel de ces drames qui mettent fin à l'existence du joueur. — Beaucoup de ces suicides demeurent inconnus; l'administration jalouse les cache de son mieux : elle y parvient sans trop de peine, grâce aux complaisances d'une police qui est à ses gages.

Cependant on ne réussit pas à tout dissimuler. Ainsi depuis le 1er janvier 1884 jusqu'au 5 mars dernier, à ne prendre que ceux qu'ont relatés les journaux, nous en relevons *vingt*. Et si nous voulions entrer dans le détail, mettre en lumière les circonstances dans lesquelles ils se sont produits, on verrait combien est réellement terrifiante l'action de ce savant brigandage de la maison de jeu.

Nous négligerons à dessein cette mise en scène. Les gouvernements intéressés, s'ils ordonnent une enquête, la verront apparaître, plus complète, plus éloquente, plus terrible.

L'enquête, en tous cas, démontrera avec évidence ce point capital :

L'immense majorité des suicides est due au refus péremptoire opposé par la direction du Casino aux demandes les plus instantes d'un subside destiné à rapatrier les joueurs ruinés.

Quand il ne se tue pas, le décavé déjà parvenu à la perte de tout sens moral, tue son voisin qui a gagné. Ils sont une bande de flibustiers, aux apparences correctes, qui cherchent toutes les occasions de corriger la déveine par le crime. On suit le joueur heureux dans les jardins, on lui dépêche une courtisane qui le câline, le caresse, le retient, et sous un bosquet touffu, en pleine obscurité, on joue du stylet. L'homme tombe, les autres vident ses poches, puis s'en retournent au tapis vert.

Au petit jour, les préposés de l'administration découvrent le cadavre :

— Encore un ! murmurent-ils avec placidité. Cela ne les émeut pas; ils en ont si bien l'habitude ! — Le chef de la police monégasque, si terrible à ceux qui ont déplu à l'administration, ne se dérange même pas. Il constate le décès, enregistre le cas, puis continue à... se reposer.

Nous n'inventons rien; le tableau que nous venons de décrire est littéralement celui que la réalité a offert à Monte-Carlo *plusieurs fois* depuis deux mois.

La même semaine a fourni deux suicides et un assassinat : lugubre bilan !

Les morts ne réclament pas. — L'administration achète le silence des témoins. Quant aux familles, elles cachent évidemment avec le plus grand soin un scandale qui rejaillirait cruellement sur elles.

Plus les familles occupent un rang considérable dans la société, plus le mystère environne ces tristes fins. Leur deuil en est-il moins douloureux ? le désastre en est-il moins déplorable ?

Nous sommes peu tentés de plaindre ceux qui sortent ainsi de la vie ; notre compassion, notre sollicitude se préoccupent plutôt de ceux qu'ils laissent derrière eux. Combien, en proie à des difficultés inextricables dans leurs affaires, sont partis affolés, réunissant leurs dernières ressources, empruntant même pour grossir le magot de leur mise, puis sont venus tout laisser avec l'honneur sur les casiers de la roulette ! Ils sont morts ou ont disparu, se jetant dans la voie du mal, soit !

Mais les intéressés, mais la femme, les enfants, le père, la mère, toute une population d'employés, d'ouvriers, qui se trouvent plongés du même coup dans la misère noire !

Mais ces blasons salis ! ces noms jusque-là sans tache, déshonorés ! Cette sœur qu'attendait le voile nuptial et qui demeure écrasée par le double deuil de son cœur, pleurant le frère mort avec infamie, et le fiancé évanoui !

Nous en appelons à tous les hommes sérieux, à tous ces honnêtes gens qui ont charge d'âmes, qui ont le souci de préserver leur famille, leur pays de cette épouvantable épidémie de corruption, de démoralisation. Qu'ils y réfléchissent : ils reculeront épouvantés devant la lamentable série de catastrophes, de douleurs, de crimes amoncelés par la perpétuation de ce sinistre tripot.

Les désastres qu'il a causés sont si nombreux, si graves, ont produit de si terribles conséquences, que cette région charmante du territoire méridional français en a reçu comme une flétrissure.

Nous appelons sur ce point, en particulier, l'attention scrupuleuse de notre Parlement de Paris. Nous n'exagérons en rien ; car après des interpellations parlementaires restées sans effet, la presse anglaise tout entière a entamé une campagne qui se poursuit quotidiennement avec la ténacité la plus acharnée.

Cette campagne est dirigée contre toutes nos stations hivernales dn Sud : Menton, Cannes, Saint-Raphaël, Antibes, Nice, etc., contre tout notre littoral continental de la Méditerranée. — Les publicistes anglais ne cachent pas leur but: ils veulent envoyer les familles de leurs compatriotes de l'autre côté de la mer et déposséder notre Midi au bénéfice de l'Afrique.

Cette année déjà, les plages du Midi ont éprouvé l'efficacité de cette campagne. Elles paraissaient dépeuplées.

Quoi qu'il en soit de cette menace très grave pour nos stations hivernales, il est trop vrai que l'indépendance monégasque est « une fiction servant seulement à masquer le maintien d'une grande maison de jeu sur terre française. »

V

Le Soulèvement de l'Opinion

Nous ne prétendons pas qu'il faille détruire la souveraineté du prince de Monaco, car, par elle-même, elle ne nous semble présenter ni danger ni inconvénient. Nous ne voyons nul intérêt à remettre en question des situations acquises, consacrées par les traités, à priver de leur indépendance des populations qui lui sont attachées et qui ont légitimement le désir de vivre autonomes.

Non, à cette heure surtout, il ne serait pas bon de soulever un tel problème qui n'apporterait d'avantages à personne, ni à la France, ni à l'Italie, ni à Monaco, ni à aucune des puissances occidentales.

Nous répudions donc hautement les vues de ceux qui, déjà, ont protesté contre le même scandale et demandé qu'on en finît brutalement avec lui par une annexion pure et simple de la Principauté.

Mais ce qui est au contraire indispensable, ce que les faits démontrent chaque jour, nous dirons mieux chaque minute, de plus en plus urgent, c'est la suppression de la maison de jeu.

L'Europe entière est intéressée à briser le mécanisme savant qui dissimule mal un véritable coupe-gorge, patenté, légalisé, dans lequel on attire sans cesse et impunément des victimes.

Il n'est pas une nation, dans chaque nation, pas une grande famille, un grand établissement financier, industriel, commercial, pas une administration privée ou publique, pas une armée de terre ou de mer, pas un corps de l'organisation sociale, qui n'ait fourni des proies nombreuses au monstre de Monte-Carlo. — Le prestige malsain de la roulette a fait des plaies plus profondes encore peut-être dans les classes moyennes et inférieures. Que de petites gens lui sont allés porter leurs économies, aussitôt englouties dans ce gouffre, et combien n'en sont pas revenus !

C'est une épidémie dont le centre est sur le rocher monégasque, mais qui rayonne sur tous les peuples, drainant leur virilité et pervertissant les consciences. On a dit souvent et sans trop d'exagération que l'homme qui franchit honnête le seuil du Casino, y demeure et devient un coquin, s'il n'en sort ruiné pour courir au suicide ; à tout le moins, sa loyauté devient fort élastique, et s'il se borne à tricher, il doit s'estimer heureux de n'avoir pas plus profondément descendu la pente fatale.

D'ailleurs la démonstration n'est plus à faire. L'opinion européenne est depuis longtemps édifiée : elle en a fourni la preuve à maintes reprises par les plaintes que, dans chaque pays, elle adressait aux pouvoirs publics, les conjurant d'intervenir pour mettre un terme à ce brigandage d'un nouveau genre.

Le jeu, exploité sans contrôle par des fermiers, a été condamné par les nations. Spa, Wiesbaden, Hombourg, Baden, Saxon, et autres tripots célèbres, sont tombés sous la réprobation universelle, dictant ses arrêts aux gouvernements. Dupressoir, l'héritier du fameux Bénazet, s'est vu impitoyablement refuser l'autorisation d'installer la roulette à Fontarabie, et cependant il offrait une rémunération considérable à l'Espagne, dont le Trésor ne peut facilement négliger un profit, même très modeste. Après lui, une Société allemande dirigée par un grand banquier berlinois a vainement recommencé la tentative : elle s'est heurtée au même refus.

« L'Italie, l'Angleterre, l'Allemagne se déclarent prêtes à accep-
« ter une révision des traités qui nous lient à Monaco. Mais ces
« puissances laissent par déférence l'initiative d'une telle démarche
« à la France qui est virtuellement et réellement suzeraine de cet
« Etat minuscule. »

La France n'intervient pas.. Que l'on y prenne garde, c'est elle, elle seule aujourd'hui, qui protège le tripot de Monte-Carlo. D'où peut provenir cette condescendance?

L'Europe cherche en vain à le deviner.

Les invitations amicales ne lui ont pas fait défaut : le ministre des affaires étrangères d'Italie déclarait naguère, du haut de la tribune, qu'il s'associerait de tout cœur à une réunion internationale « qui aurait pour but d'arrêter les malheurs causés à son
« pays par le voisinage dangereux de la roulette. »

Veut-on des preuves? Nous comprenons qu'il faut ici des pièces, des documents. Car c'est sur l'opinion que nous comptons, c'est elle qui pèsera sur les déterminations des hommes d'Etat, qui les encouragera à rejeter toute hésitation, quand ils seront convaincus qu'ils marchent d'accord avec elle.

Le cadre d'une brochure ne se prête pas à de longues énumérations. — Nous allons seulement citer quelques pièces, mais qui, celles-là, parleront assez haut.

En France, des pétitions fréquentes et couvertes de nombreuses signatures ont été adressées à la Chambre et au Sénat, pour réclamer la suppression des jeux de Monaco. En 1878, M. de Gavardie en rapportait une et la soumettait à l'attention de M. Waddington, ministre des affaires étrangères.

Le 19 janvier 1882, une autre pétition « des citoyens français *et des étrangers*, habitant le littoral de la Méditerranée », adressait au Sénat la même demande. — M. Eugène Pelletan fut chargé du rapport, et voici comment s'exprimait l'honorable sénateur :

Rapport. — Le Sénat a reçu, dans ces derniers temps, une pétition qui réclame l'intervention du gouvernement français pour la suppression des jeux de Monaco.

Cette pétition compte au nombre des signataires, en France aussi bien qu'à l'étranger, les noms les plus honorables et quelquefois les plus considérables, en tête desquels figure le lord-maire de Londres.

La question soulevée par les pétitionnaires n'est pas seulement française, mais elle est aussi européenne. La roulette de Monte-Carlo, postée au sein même de la France sur le passage des voyageurs qui visitent les bords de la Méditerranée, exerce également la piraterie du tapis vert sur nos nationaux et sur les étrangers.

Ce n'est pas la première fois que le Sénat est saisi d'une semblable pétition. Déjà en 1877, une commission avait conclu, sur le rapport de M. de Gavardie, au renvoi à M. le ministre des affaires étrangères.

La commission actuelle, après une discussion approfondie où le ministre a été entendu, n'a pas cru cependant devoir désavouer la conclusion antérieurement adoptée au nom du Sénat.

Non pas qu'elle ait la prétention de tracer une ligne de conduite au gouvernement, et encore moins d'empiéter sur le domaine de la diplomatie. *La question des jeux de Monaco a été agitée devant certains Parlements voisins* et dans tous *il a été déclaré que le gouvernement français avait seul titre pour la résoudre.* Il n'appartient qu'à lui et à lui seul de chercher, dans la plénitude de sa liberté et de sa responsabilité, la solution la plus conforme à l'honneur ainsi qu'à l'intérêt de la France ; c'est dans cette conviction et sous cette réserve, que la commission propose de renvoyer la pétition au ministre des affaires étrangères.

Le ministre était M. de Freycinet. — Il faut bien donner ici sa réponse, conforme à celle qu'avait précédemment faite M. Waddington le 28 novembre 1878.

Voici sa lettre à la commission du Sénat :

Paris, le 22 juin 1882.

Monsieur le président,

Le feuilleton des pétitions, distribué au Sénat le 6 juin (n° 48). contient un projet de résolution de la première commission, proposant le renvoi à mon département d'une requête relative à la suppression des jeux de Monaco.

En ce qui concerne l'établissement des jeux et les inconvénients qu'il présente, les explications verbales que j'ai données à la commission *témoignent de l'accord qui existe entre ses vues et celles du gouvernement.* Toutefois j'ai dû, comme mon prédécesseur l'a fait en 1878 dans sa réponse à une autre pétition sur le même sujet, rappeler les motifs d'ordre international qui commandent une réserve particulière, s'il s'agit de recourir, en pareille matière, à l'intervention diplomatique. Le rapport de la commission ménage, il est vrai, la liberté d'action du gouvernement à cet égard ; cependant il vise certaines déclarations parlementaires, d'après lesquelles la France aurait seule qualité pour résoudre la question. J'ignore à quels incidents il est fait ainsi allusion, et quelle peut en être la portée. Le fait est que ni les circonstances actuelles, ni les rapports conventionnels entre les deux pays n'autorisent de notre part une ingérence directe dans le règlement d'une affaire qui relève du prince souverain de Monaco. Dans cet état de choses, et tout en s'associant sur le fond aux vœux des pétitionnaires, le gouvernement de la République ne doit pas dissimuler qu'il se trouverait dans l'impossibilité d'y donner une satisfaction effective.

J'ai dû, pour dégager ma responsabilité, faire ces déclarations avant que la résolution de la 1re commission ne devienne définitive, et je vous serais très obligé de vouloir bien les lui communiquer.

Agréez Monsieur le Président, les assurances de ma haute considération.

Le Ministre des affaires étrangères,
Président du Conseil,

C. DE FREYCINET.

Cette réponse prête à plusieurs critiques graves.

M. de Freycinet, qui venait de prendre le portefeuille des affaires étrangères, n'avait sans doute pas eu le temps d'examiner à fond des déclarations parlementaires faites à l'étranger et qui n'avaient donné lieu par la suite à aucune communication diplomatique. — Il n'en existait donc pas trace au quai d'Orsay. La chose se comprend sans peine.

. Ce qui est moins admissible, c'est que nos agents accrédités près les gouvernements d'Europe n'aient pas informé le chef de notre diplomatie de la nature et de la portée sérieuse de telle s déclarations, qu'ils aient, en apparence au moins, volontairement et systématiquement fait la sourde oreille devant des invitations qui pour être fréquentes, formelles, instantes, restaient toujours extrêmement courtoises et cordiales. -- On le verra tout à l'heure.

M. de Freycinet estime que les traités lui interdisent de s'immiscer dans les affaires de la principauté monégasque. Cette interprétation des conventions conclues entre la France et Charles III est entachée d'une trop grande condescendance vis-à-vis de ce dernier. Elle se modèle exactement en effet sur celle qui fut donnée après coup à ces conventions par les publicistes à la solde de la *Société des Jeux*.

Nous avons démontré, au début de cette étude, qu'elle ne tient pas debout. On va voir qu'elle n'est admise nulle part en Europe. La France exerce un protectorat réel sur Monaco : elle ne peut prétendre en bénéficier sur quelques points et en repousser les charges et la responsabilité sur d'autres.

C'est là qu'on entrevoit le point délicat. Nous essayerons tout à l'heure de le dégager sans froisser aucune susceptibilité légitime.

Nous devons donner place ici à une manifestation toute récente de l'opinion sur le sujet qui nous occupe. — En ce moment, des pétitions se signent à nouveau sur tout le littoral, mais en voici une qui a été adressée à la *Commission d'enquête sur la crise ouvrière*, à la Commission dite des 44, présidée par M. Eugène Spuller, vice-président de la Chambre française.

Nous en détachons la conclusion :

Mais c'est surtout à cette maison unique en son genre et contre laquelle se soulève l'opinion européenne, que le gouvernement de la France devrait songer.

Celle-là est l'institutrice de toutes les autres. C'est l'Ecole normale des croupiers et des exploiteurs de la richesse publique.

Les raisons à invoquer abondent. Il n'y a qu'à les puiser dans les discussions déjà portées devant les parlements d'Italie, d'Allemagne, d'Angleterre, à supputer les ruines qu'elle entasse et les suicides qu'elle fait commettre. La discussion à la suite de laquelle, en 1868, le Parlement prussien décida de supprimer les jeux publics est surtout remarquable.

La seule objection un peu spécieuse que l'on puisse opposer aux pétitionnaires qui ne se lassent pas de réclamer l'intervention du gouvernement français, est la réserve prétendue à laquelle celui-ci est astreint vis-à-vis de Monaco, à raison de l'indépendance de cette principauté, et à cause même de sa faiblesse. Mais cette objection n'est pas sérieuse.

L'indépendance de Monaco n'est pas réelle, en droit et en fait. puisque toutes ses administrations principales sont aux mains de la France. Et la petitesse de cet Etat pygmée, loin de lui donner le droit de braver l'opinion de l'Europe, lui impose des devoirs spéciaux, surtout à l'égard de son entourage.

Et puis, ce sont les nations étrangères elles-mêmes qui nous sollicitent d'agir. C'est le cabinet de Berlin qui se montre favorable à notre intervention ; c'est celui d'Angleterre qui répond, à chaque interpellation, que la France doit prendre l'initiative ; c'est le cabinet italien qui, interpellé par M. le député Berio, répond par la bouche de M. Mancini qu'à la France revient le devoir d'agir la première contre Monte-Carlo.

Peut-on dès lors parler des scrupules diplomatiques ? La France n'est-elle pas, au contraire, en état de résistance aux vœux des gouvernements étrangers qui hésitent à faire de cette question une affaire internationale ?

Attendrons-nous que les monarques mettent en demeure la République française de mieux surveiller la moralité publique à ses frontières et dans ses protectorats ?

Non. Il faut que l'attention du gouvernement soit attirée sur cette question capitale. Il faut que les députés amis du peuple, qui cherchent anxieusement les causes de ses souffrances mettent celle-là en lumière et protestent solennellement contre la façon dont on laisse *gaspiller des ressources nécessaires à l'industrie.* Il ne sera pas dit que les tripoteurs nous intimident ou que Monte-Carlo nous ferme la bouche, à nous républicains sincères pour qui le bien du peuple est un culte.

En voyant que vous vous taisez, ô représentants de la démocratie les croupiers souriraient dans le sentiment de leur importance e se croiraient irrésistibles avec leurs rouleaux d'or. Ils vont disant que les pétitionnaires s'attaquent à plus forts qu'eux. Ils laissent croire volontiers que vous êtes leurs complices, que ministres et députés se prosterneront quand il le faudra devant le Veau d'or. Il a suffi de voir quelques hommes marquants visiter Monte-Carlo sans dégoût, pour qu'on les suppose d'avance séduits par les bienfaits de la Roulette.

Nous ne sommes pas sans doute descendus à ce degré de honte. Mais il est douloureux que cet outrage soit possible. Or, il est même commun sur le littoral.

Ce n'est pas un démenti de ces imputations que nous vous ferions l'injure de réclamer. Mais nous vous supplions de prononcer les paroles hautes et dignes que nous pouvons attendre des plus fidèles serviteurs de la démocratie.

> Messieurs les membres de la plus importante des commissions parlementaires,

> Messieurs nos députés,

Au nom de l'honneur français,
Au nom de nos intérêts nationaux,
Au nom des intérêts populaires, nous vous adjurons d'élever la voix contre un scandale qui discrédite la République (dont le gouvernement se base, plus que tout autre, sur la moralité du pays), de combattre la pieuvre du jeu dont les tentacules se multiplient pour sucer les richesses de la France et dévorer la moelle de notre peuple.

Ce document contient une réponse suffisante aux objections qui motivèrent les scrupules de M. de Freycinet. Nul n'admettra en effet que le gouvernement français puisse se désintéresser d'un état de choses qui soulève les réclamations unanimes de l'Europe.

VI

Les Plaintes de la Presse

Veut-on, à cet égard, un écho de la presse anglaise ? qu'on nous permette cette unique citation :

Life, un journal hebdomadaire anglais dont le chiffre de vente et l'influence valent ceux d'un grand quotidien, s'étonne que le correspondant parisien du *Times* ait carte blanche pour parler du tripot de Monte-Carlo tandis que l'organe des marchands de la Cité s'abstient prudemment lui-même de toucher à cette question qui semble lui brûler les doigts.

Life voudrait bien savoir d'où viennent cette prudence et ce silence de son grand confrère le *Times*, qui n'a pas coutume de se montrer indifférent à l'hygiène morale de l'Europe. En attendant, *Life* se réjouit de voir que d'autres porte-voix de l'opinion publique ne se montrent pas aussi réservés et il félicite le *Daily Telegraph* d'avoir courageusement stigmatisé l'infâme maison de jeu qu'il faudrait, dit-il, arracher de sa roche et balayer dans la Méditerranée. *Life* se rallie aux conclusions du *Daily Telegraph* et demande qu'on mette fin une fois pour toutes à ce « scandale du xixᵉ siècle qui ne profite qu'aux croupiers et aux cocottes, plumant à pleines mains les imbéciles entassés dans la salle de jeu jusqu'à ce qu'ils soient *vidés* ou aillent de désespoir se faire sauter le peu de cervelle qui leur reste. »

Life croit savoir que l'Angleterre s'est enfin décidée à entrer dans l'action diplomatique poursuivie par la France, l'Italie, l'Allemagne et la Suisse pour faire disparaître cette « tache qui souille la carte de l'Europe ». La question a fait à la Chambre anglaise, il y a un mois, l'objet d'une interpellation adressée au cabinet par M. Georges Anderson ; mais lord Edmond Fitzmaurice s'est vu obligé de répondre, au nom du gouvernement, que le Foreign Office n'était pas en position pour le moment de faire des représentations à ce sujet. Cette réponse a dû être accueillie avec une vive satisfaction par le prince de Monaco et par les capitalistes qui lui fournissent le nerf de la guerre.

Ceux qui tiennent le tripot, dit *Life*, se hâtent de faire leur moisson en mettant à profit le dernier rayon de soleil ; ou, pour parler moins poétiquement, ils tirent tout ce qu'ils peuvent de ceux qui passent leurs jours et leurs nuits au tapis vert, car l'heure n'est pas loin où Monte-Carlo partagera le sort d'Ems, Wiesbaden. Cette heure ne saurait jamais arriver trop tôt. Tant qu'il y aura un moyen de jouer, il y aura des gens qui en tireront avantage.

Quant à la liste des suicides de Monte-Carlo, elle s'augmente chaque semaine. Il n'y a aucun argument sérieux à faire valoir en faveur du maintien des jeux ; il n'y a aucune raison, si spécieuse qu'elle soit, qui puisse prouver que ce tripot ait jamais produit un bon résultat quelconque. Au contraire, il est démontré surabondamment que des crimes sans nombre sont résultés de la fatale influence exercée par les maisons de jeu sur tous ceux qui franchissent leur porte sinistre où l'on peut écrire, avec plus de vérité que sur celle de l'Enfer, le *lasciate ogni speranza* du Dante.

Nous ne pourrions que nous répéter en continuant. La presse italienne, est plus ardente que toutes les autres. On a dit que la France, en cette encontre, semblait surtout redouter des difficultés avec l'Italie. Eh bien, veut-on savoir comment en Italie on envisage la moralité de Monaco ? Voici un fait à cet égard tout à fait caractéristique.

En critiquant le tripot monégasque, les journaux italiens posent en principe que le jeu doit être interdit dans tout *casino* où le public est librement admis.

Et, pour exemple, ils peuvent citer : le *Cercle de l'Union*, à Milan, le *Cercle des Bains*, à Livourne, le *Casino du Musée*, à Ancône, etc., etc., lieux de réunion de la société élégante, où on ne joue jamais.

Le journal le *Caffaro*, partant de ces principes, avait publié une correspondance sur le *Casino d'Ospedaletti*, dans laquelle il accusait, à tort, l'administration de vouloir créer un TRIPOT A LA MONTE-CARLO.

Dans le numéro suivant, le *Caffaro* inséra la réponse suivante :

Monsieur l'honorable directeur du *Caffaro*,

J'ai lu dans le supplément du n° 14 de votre journal, si justement accrédité, une intéressante correspondance de *Nice* et de *San Remo*, contenant de bienveillants éloges à l'égard d'Ospedaletti « *transformé* », comme l'écrit gracieusement le correspondant du *Caffaro*, en lieu *very fashionable* alors qu'il n'était qu'un très modeste village.

Mais, je ne puis le cacher, j'ai été extrêmement et désagréablement surpris d'apprendre que, d'après cette correspondance, notre Casino serait destiné à devenir un *tripot à la Monte-Carlo*.

Ma surprise et mon déplaisir sont d'autant plus grands que nos intentions sont absolument différentes.

Si vous vouliez, monsieur le Directeur, nous faire l'honneur de visiter notre « *grandiose établissement* », suivant l'expression du *Caffaro*, vous pourriez constater *de visu* que la nombreuse colonie d'Ospedaletti et les visiteurs du Casino appartiennent à l'élite de la bonne société, et surtout aux familles les plus distinguées de l'Italie, de l'Angleterre et de l'Allemagne.

Donc, contrairement aux informations du correspondant du *Caffaro*, nous estimons qu'Ospedaletti et notre établissement se font remarquer comme *l'antithèse de quelques autres stations d'hiver de réputation internationale peu digne d'envie*.

Je fais appel, monsieur le directeur, à votre esprit d'équité et à *nos opinions communes*, pour vous prier de publier ma lettre.

De plus, je vous dirai, qu'après mes déclarations, j'espère pouvoir compter sur l'appui de votre autorité.

Votre très dévoué,

L'administrateur de la Société franco-ligurienne,

DUTEURTRE.

A-t-on jamais vu un pareil spectacle : *un directeur d'un casino se défendre d'être le chef d'une maison de jeu !*

A Monaco, les plus riches et les plus honorables se font une gloire de vivre du profit de la cagnotte.

Enfin il n'est pas jusqu'aux sujets du prince Charles III, qui n'élèvent la voix pour réclamer leur délivrance. Qu'on nous permette encore un emprunt à la presse française, au *Télégraphe* :

Pour avoir une idée de ce qu'il est possible de gagner en exploitant la passion des joueurs, il faut se souvenir que le père Blanc, fondateur du Casino, est mort en laissant une fortune de 88 millions.

Quatre-vingt-huit millions ! Se figure-t-on ce que cela représente de sombres désespoirs et de désillusions amères ! Combien de pauvres diables sont venus là perdre en quelques heures ce qu'ils avaient mis de longues années à amasser !

Tout le luxe de Monte-Carlo est établi sur la ruine de nombreuses familles, et il n'en faut pas davantage pour comprendre les colères que la maison de jeu a déchaînées contre elle.

Des brochures ont été faites dans le but de soulever l'opinion contre la maison Blanc, mais jusqu'alors cela n'a pas servi à grand'chose, et le comte Bertora, comte nommé récemment par le Saint-Père, n'en dort pas avec moins de tranquillité sur son oreiller de bank-notes.

Pourtant, la trinité qui préside aux destinées du Casino ne vit pas dans un calme absolu, tant s'en faut.

Craignant les vengeances de quelques joueurs désespérés, les trois directeurs sont nuit et jour entourés de gardes particuliers chargés de veiller à leur sécurité. Plusieurs tentatives de meurtre ont eu lieu qui ont rendu cette précaution nécessaire.

On ne s'en est pas trop étonné au Casino, où l'on sait par expérience que la présence de la roulette attire là-bas la *fripouille* de toutes les nations.

Ce n'est certes pas à Monaco qu'il faudrait aller pour rencontrer la fine fleur de la société. La population flottante est composée du monde le plus interlope qu'il soit possible de rêver, et, chose curieuse, la passion du jeu annihile tellement les facultés élevées chez ces enfiévrés, que la charité ne s'exerce plus à Monaco.

Il y a, à la porte du Casino, une boîte destinée à recevoir l'obole pour les pauvres, — Eh bien ! en *une année*, le tronc a rapporté *quinze francs*.

Une des causes qui ont le plus souvent contribué à mécontenter les Monégasques est celle-ci :

Le Casino, dans le but de retenir les visiteurs par tous les moyens possibles, a accumulé à Monte-Carlo tout ce qui peut être utile aux besoins de la vie. Il y a là-bas. Grand-Hôtel, café, salon de coiffure, débit de tabac, bazar, etc.

Ce système, on le conçoit, n'enrichit pas la ville, et le petit commerce de Monaco, qui souffre considérablement de cet état de choses, fait souvent chorus avec les mécontents, et fournit aux pétitionnaires, contre la maison de jeu, une ample provision d'arguments.

Nous ne savons pas comment finira la lutte engagée entre le Casino et l'Opinion publique; mais tout fait prévoir qu'un jour ou l'autre la maison de Monte-Carlo sera contrainte de cesser sa triste exploitation.

Nous ne pouvons prolonger davantage, sans risquer de fatiguer l'attention du lecteur, cette énumération de plaintes qui s'exhalent de toutes parts contre le maintien des jeux de Monte-Carlo.

Nul ministre ne pourra désormais répéter avec M. de Freycinet qu'il ignore et les réclamations parlementaires et les déclarations gouvernementales. L'opinion de l'Europe est connue : elle est toute entière pour la suppression du tripot monégasque.

VII

L'Industrie de Monte-Carlo

Nous demandons la permission d'emprunter ce chapitre à un journal parisien qui s'occupait naguère de la crise industrielle. Il y a peut-être dans ce morceau des choses indiquées déjà, mais elles font partie intégrante du bilan qu'il s'agit de dresser :

Tandis que toutes les industries de l'Europe civilisée traversent une crise pénible et que les peuples les plus laborieux, les plus économes, sont obérés d'impôts, il est de par le monde une industrie dont la prospérité n'a cessé de s'accroître et un pays dont les habitants sont dotés gratis d'un gouvernement, d'une police, d'une armée, d'un clergé, d'une magistrature, en un mot d'institutions et de services publics d'ordinaire fort dispendieux.

Ce pays privilégié, c'est la principauté de Monaco. L'industrie qui y fleurit, c'est celle des jeux; par un reste de pudeur ou probablement par un raffinement d'habileté, ses patrons, n'osant pas lui donner son vrai nom, l'ont affublée d'un titre modeste et honnête : *Société des Bains de Mer* ! Si les bains sont pour quelque chose en cette affaire, c'est des bains de sang qu'il faudrait parler, car il n'est pas au monde d'exploitation minière, ni de cartoucherie, ni d'usine qui ait coûté la vie à autant de malheureux.

On évalue à un par semaine, au bas mot, la moyenne des suicides causés par cette infernale industrie, ce qui fait une cinquantaine par an et plus de mille depuis sa fondation. Quant aux meurtres, aux vols, aux banqueroutes, aux ruines matérielles et morales dont le tripot de Monte-Carlo est directement ou indirectement responsable, il est impossible d'en apprécier le nombre, mais les quelques indications que le lecteur trouvera plus loin permettront d'en entrevoir la gravité.

Si quelque journal annonçait un beau matin qu'il vient de se fonder, avec l'autorisation de l'Etat, une société de voleurs dont les membres, n'ayant pas un sou vaillant, ont constitué avec l'argent d'autrui (réalisé ou à réaliser) un capital de deux cents millions, divisé en actions, et que ces actions partagées entre tous, suivant l'habileté de chacun ou les services qu'il peut rendre à l'association, doivent produire de beaux dividendes, c'est-à-dire que les bénéfices annuels représentent exactement les pertes des gens volés, les lecteurs jetteraient les hauts cris et accuseraient le journal d'outrager le bon sens. Eh bien ! ce qui paraît absurde, impossible, existe réellement, et cette société constituée avec l'argent d'autrui, cette société qui réalise des bénéfices énormes, non pas en *produisant*, mais en *consommant*, cette société qui s'enrichit de la ruine des autres, c'est la Société des bains de mer de Monaco, ou, pour l'appeler de son vrai nom, le tripot de Monte-Carlo.

Les renseignements qui suivent sont de la plus absolue certitude, car ils sont empruntés à des journaux entretenus par cette honorable association.

Il y a un peu plus d'un an eut lieu une réunion générale des actionnaires convoqués dans le but de modifier les statuts, le cahier des charges, et notamment de multiplier le nombre des gens intéressés à la prospérité de l'entreprise en divisant les parts d'action. Jusque-là, on ne reconnaissait qu'un propriétaire pour un titre de cent actions et tout titre de cent actions de capital était indivisible. Cent actions d'une valeur de 200,000 francs formaient donc *une part*. Et voici entre quels propriétaires et dans quelles proportions le capital social se répartissait :

Edmond Blanc, fils aîné du fondateur des jeux ; le prince Radziwill, un des gendres, — ensemble 190 parts — soit 1,900 actions représentant 38 millions ; le prince Bonaparte, autre gendre, 110 parts ou 22 millions ; les deux fils naturels du père Blanc, Charles et Camille, ainsi que le prince de Monaco figurent dans la société pour des chiffres que la pudeur a sans doute interdit de publier, à cause de la situation particulière des ayants-droit ; mais nous serons très probablement près de la vérité en attribuant aux deux bâtards une cinquantaine de parts, soit 10 millions, et en supposant que le prince de Monaco, sans la tolérance de qui le tripot n'existerait pas, s'est fait payer cette complicité d'une part *au moins* égale à celle de l'un des enfants légitimes de feu M. Blanc, soit 100 parts ou 20 millions. Le précédent gouverneur général avait 2 parts ou 400,000 fr. MM. Bazin, Bertrand, Desfossés, Durandy, Jonet, Plunkett et Wagatha chacun une part, soit ensemble 1,400,000 fr. Enfin une vingtaine de parts avaient été récemment vendues on ne disait pas à qui, probablement à des personnages dont la réputation aurait grandement à souffrir si on les savait actionnaires du tripot. Ces vingts parts représentent 4 millions, et nous obtenons, en additionnant les chiffres précédents, certains ou approximatifs, le total de 95 millions. En supposant que quelques parts d'actions ont été distribuées à des notabilités de la presse ou de la politique, si ce n'est à des gros bonnets de la ville de Nice dont on a besoin, — nous atteignons, sans forcer les probabilités les plus vraisemblables, le chiffre de cent millions.

Ce capital, qui se réduirait à zéro si le tripot de Monte-Carlo fermait, attendu que la fortune des joueurs le constitue toute seule, rapporte au bas mot le cinq pour cent à ses actionnaires, soit un intérêt annuel de cinq millions. — Mais à ce chiffre s'ajoutent les dividendes, plus ou moins variables, et il ne faut pas oublier que les bénéfices nets ne forment qu'une partie des recettes du tripot, l'autre partie, très considérable, représentant les dépenses payées par l'exploitation.

De ces dépenses il faut donner au moins un aperçu sommaire. Elles se divisent en trois chapitres :

1° *La Principauté.* La caisse du tripot paie la liste civile du prince, son administration, sa justice, sa police, son armée, les travaux publics, l'évêque et son clergé. Jadis la plupart de ces dépenses étaient payées directement aux intéressés par la caisse du Casino ; le prince, en autorisant une modification aux statuts, a obtenu de percevoir lui-même directement, de l'administration du Casino, toutes les sommes affectées à ce chapitre. Où la vergogne va-t-elle se nicher ?

Je parie qu'en percevant lui-même l'argent donné par le tripot

pour toute sa principauté, Charles III espère bénéficier des rete-
nues de traitement, vacances d'emploi, remises de fournisseurs, etc.

2° *Le Casino*. Que d'argent il faut pour payer le personnel
directeur, les commissaires, les croupiers, les domestiques, l'entretien des immeubles et jardins, le mobilier, les fêtes !

3° *Les services auxiliaires*. On fait de nombreuses annonces,
des réclames à grand orchestre ; on achète le silence de la presse
sur les suicides ; de là beaucoup d'argent à distribuer, soit par
subventions fixes, soit par gratifications extraordinaires, à de
nombreux journaux de Nice, de Paris et d'ailleurs. Ajoutons à
cela l'entretien des raccoleurs et des femmes de mauvaise vie,
chargés de lever ou de rabattre le gibier, les dons et subventions
pour fêtes, œuvres pies et de bienfaisance de Nice et de Menton,
enfin les pots-de-vin...

Il est de notoriété publique, et ce qui précède le prouve, que le
tripot de Monte Carlo reçoit, bon an, mal an, de douze à dix-huit
millions pour payer ses dépenses de toute sorte et les intérêts des
actions de ses sociétaires Douze millions par an, contentons-nous
du chiffre le plus bas, douze millions engloutis régulièrement dans
cet enfer, douze millions perdus pour l'industrie honnête, pour
la fortune générale des pays civilisés, soustraits au commerce,
volés à des œuvres d'utilité publique, de quoi nourrir dix mille
ouvriers, de quoi créer des écoles, des asiles pour la vieillesse.
Ainsi, cinquante suicides et douze millions perdus, voilà chaque
année le bilan de cette industrie honteuse que l'Europe et la
France en particulier ont le tort de supporter, car elle est un
outrage au travail, à l'honneur, à la probité, à l'esprit d'ordre,
d'économie, seuls fondements de la prospérité véritable (1).

ULRIC DE BEAULIEU.

Il semble, du reste, que les possesseurs des fameuses parts sentent
approcher l'heure finale. Ces parts valaient, il y a deux ans encore,
230,000 fr. l'une ; l'année dernière on en trouvait à 175,000 fr. ; à
cette heure, c'est à grand'peine si on trouve des preneurs à 150
ou même à 130,000 fr. Il n'y a plus d'acheteurs, du reste, et l'exploi-

---

(1) L'évaluation de M. U. de Beaulieu est au-dessous de la réalité. Le
bilan annuel n'a pas accusé moins de 15 millions de *bénéfice net* et non de
recettes brutes, c'est-à-dire de 15 millions à répartir comme dividende entre
les actionnaires. L'exploitation, pour être plus fructueuse que ne le pensait
l'auteur de cet article, n'en est que plus abominable.

tation, si terrible qu'elle soit pour la sécurité et la moralité générales, devient de plus en plus une mauvaise affaire.

Les bénéfices vont décroissant; on est obligé de réaliser des économies sur les dépenses afin de pouvoir distribuer un dividende normal.

C'est une raison de plus que nous invoquerons à l'appui de notre thèse. La question financière, le subside honteux mais considérable fourni par la roulette au prince Charles, auraient pu dans certains esprits constituer une objection, sinon grave, au moins spécieuse, à la réforme que nous appelons de tous nos vœux.

Les timorés peuvent bannir toute crainte; l'industrie de Monte-Carlo ira déclinant, elle ira dépérissant surtout à mesure que l'on s'occupera de la faire disparaître.

Cette éventualité n'est pas avouée, comme bien l'on pense, par la direction de la *Société des Bains de Mer*. Loin de là, elle cherche à faire croire que les bénéfices sont supérieurs cette année à ceux des exercices passés.

Nous avons cueilli, dans un journal qu'elle subventionne, la double note suivante:

Plusieurs journaux de Paris ont annoncé que M. Chartran, le nouveau directeur général du Casino de Monte-Carlo, était un ancien député.

M. Chartran n'a jamais joué aucun rôle politique. C'est un ancien caissier principal d'une grande maison de banque de Paris.

Ce n'est pas non plus 100,000 fr. d'appointements, mais 25,000 fr. qui sont attribués à cette fonction.

M. Chartran, en congé en ce moment à Paris, sera de retour à Monaco dans quelques jours.

L'assemblée générale aura lieu vers la fin d'avril.

C'est hier qu'ont dû être arrêtés les comptes de l'exercice de l'année 1883-1884.

Au lieu de 15 millions de recettes, chiffre atteint l'année dernière, on s'attend à un peu plus de 17 millions, soit 2 millions et quelques centaines de mille francs de plus que l'exercice précédent.

Cela tient à deux raisons principales. D'abord, à l'absence de gros joueurs, tels que ceux qui, l'hiver dernier, avaient gagné huit cent mille francs ou un million chacun. En second lieu, il y a eu un plus grand nombre de petits joueurs, en raison de l'Exposition de Nice.

Cette note d'un journal parisien très boulevardier, que nous ne nommerons pas, est la preuve la plus éclatante du cynisme avec lequel on se vante à Monte-Carlo de détrousser la masse des pauvres diables.

Quant aux gros gagnants, nous défions qu'on en cite *un seul* ayant pu sortir de la Principauté avec son *gros gain*. S'il en est qui ont gagné un soir, deux jours plus tard ils étaient comme le commun des joueurs: décavés.

Ainsi d'une part, on annonce une économie notable sur le traitement d'un fonctionnaire de premier ordre; de l'autre, on avoue qu'on a surtout ruiné la foule des petits, de ceux qui viennent à Monte-Carlo apporter les économies péniblement amassées.

Cela prouve en réalité que la fortune décroit et que la confiance baisse. On a entamé la réserve pour rassurer celle-ci, mais sans pouvoir raffermir celle-là.

D'ailleurs la prospérité de l'ancienne Société Blanc et Cie n'offre aucune espèce d'importance au point de vue où nous nous sommes constamment placé, c'est-à-dire au point de vue de l'Europe, qui n'a à s'occuper que de la situation conventionnelle du prince régnant et des ressources légitimes de la Principauté, qui pourrait craindre qu'en lui supprimant les subventions du Casino elle ne le réduisit à la pauvreté.

C'est une appréhension que nous avons souvent entendu exprimer dans les couloirs des Chambres françaises.

Nous avouerons qu'à cet égard nous avons un souci très médiocre. Depuis plus de vingt ans qu'il en profite, le prince, dont on connaît les habitudes d'économie, a su thésauriser avec les beaux subsides qu'il a recueillis. Il n'a négligé aucune occasion d'augmenter ses placements, prévoyant bien que l'exploitation de l'imbécillité humaine n'aurait pas une durée indéfinie.

Nous ne voulons pas insister sur ce point délicat. Nous nous contenterons, pour en donner une idée, d'emprunter cet entrefilet à un journal de Nice :

M. Blanc, qui sentait de temps en temps le besoin de se faire pardonner les origines troubles de sa fortune, avait, il y a quelques années, donné un million au prince de Monaco pour la construction de la cathédrale. L'illustre descendant des Grimaldi avait accepté avec reconnaissance le présent princier du fondateur de la roulette ; mais les travaux de la cathédrale continuèrent à marcher avec une lenteur désespérante. D'où venaient ces retards ?

Le prince, en homme pratique et soucieux de ses intérêts, s'était dit qu'un million était bon à garder. Il le convertit donc en bonnes obligations, en rentes sur l'État, et n'affecta aux travaux de l'église que les revenus de cette somme, soit 50 mille francs par an. Grâce à cette rémunération, aidée des quêtes faites par le clergé monégasque, l'entreprise est en voie d'achèvement.

La volonté du légataire sera remplie, l'édifice terminé, et Charles III restera propriétaire du million dont il va bientôt toucher les revenus.

Qu'importe les retards apportés à l'œuvre ? Aucun délai n'avait été fixé et les fidèles n'en ont pas moins pu prier en paix pour la prospérité de leur souverain qui a ainsi arrondi son patrimoine.

Qui disait donc que les princes ne savaient pas compter ? En voilà un qui me semble rudement fort sur les soustractions et les multiplications.

Cela suffit, semble-t-il, pour démontrer aux plus scrupuleux qu'on peut hardiment travailler à l'œuvre d'épuration devenue nécessaire.

Enfin, pour compléter le tableau, ajoutons ce dernier trait : Monte-Carlo, avec l'appui du gouvernement princier, s'est assuré contre toute concurrence même détournée. Nous citerons, sous réserves, à ce propos, ces lignes du journal de M. Laisant, député de la Loire-Inférieure :

Nous avons déjà eu l'occasion de parler du scandale que cause le maintien de l'établissement de jeux de Monte-Carlo.

Le gouvernement italien serait tout disposé à faire cesser ce scandale, mais on nous affime que, pour des raisons qu'il ne nous appartient pas de rechercher, le gouvernement de M. Ferry protège l'établissement de Monte-Carlo.

Comment se fait-il que la municipalité niçoise protège à ce point Monte-Carlo, que dans le Casino municipal, qui va s'ouvrir prochainement, elle ait interdit toute espèce de jeux, afin de ne pas nuire aux jeux de Monte-Carlo ?

Comment se fait-il que le gouvernement autorise M. Bertora à

avoir une véritable police occulte, composée des anciens agents de
la police secrète de Napoléon III ?

M. Camescasse sait-il même que certains de ses agents encore
en fonctions fournissent des rapports à M. Bertora ?

Nous ne disons point qu'une telle complicité soit réelle. C'est
beaucoup trop qu'on puisse être amené à la soupçonner.

VIII

Possibilité de la Réforme

Établir, comme nous venons de le faire, que l'Europe entière
désire cette réforme dans l'organisation de Monaco, que la France
a le droit de la réclamer, qu'elle peut le faire avec l'appui de tous
les grands États, c'est avoir prouvé que cette réforme est possible,
qu'elle est nécessaire, inévitable, que, de plus, elle est facile.

Elle est possible, puisque parlements et chancelleries s'accordent
à la demander ; elle est nécessaire, puisque tous les gouvernements
mettent pour ainsi dire amicalement la France en demeure de s'y
employer. Elle est inévitable, parce que rien aujourd'hui ne résiste
au courant réfléchi de l'Opinion publique.

Est-elle facile ?

Nous avons soigneusement écouté tous les panégyristes de
Monte-Carlo, tous les défenseurs attitrés de la roulette. Nous n'a-
vons pu saisir aucun argument pouvant faire craindre que ce fût
là chose épineuse, redoutable et même coûteuse.

Supprimer les jeux, serait-ce, comme certains l'ont prétendu,
enlever toutes ses ressources au budget princier ? Sans doute, ce
serait le priver de la subvention annuelle que lui paie la *Société
des Bains de Mer*. Mais Baden, Wiesbaden, Hombourg, Spa
payaient des subventions semblables. On n'a pas prouvé ni af-
firmé jusqu'ici que la fermeture de ces casinos de jeu ait appauvri

les Etats auxquels ils fournissaient un tribut. Nous n'avons pas non plus ouï dire que les habitants de ces Etats aient élevé des plaintes au sujet d'un surcroît d'impôts que cette suppression aurait entraîné.

Pourquoi n'en serait-il pas de même à Monaco? Nous n'ignorons pas que remise a été faite aux sujets princiers de toute contribution, et que les minces services publics, demeurés à la charge du trésor monégasque, sont entretenus exclusivement par la subvention du Casino.

Mais cette charge d'entretien est-elle donc si redoutable? On a vu tout à l'heure que le revenu personnel du prince doit s'élever assez haut. Sa fortune personnelle doit se confondre avec celle de son Etat, ses ressources doivent être celles du trésor public.

Et puisque la France s'est chargée de tous les grands services, qu'elle en partage le produit avec le prince, pourquoi n'étendrait-elle pas cette combinaison à ceux qui ont été jusqu'à cette heure laissés en dehors de la convention de 1865? Ce ne serait pas pour elle assumer une charge sans compensation, cela est évident. D'autre part, le trésor public serait délivré de tout souci.

On murmure, il est vrai, qu'il y a dans l'édit concédant le monopole des jeux une clause pénale. Il s'agirait d'un dédit très considérable, 200 millions, disent les uns, 400 affirment d'autres, que le prince devrait payer à la Société fermière, si son privilège venait à être brisé avant l'expiration de la concession.

Cette mauvaise plaisanterie fera sourire le moins retors des jurisconsultes ; elle fera hausser les épaules à tous les diplomates. Il ne se peut que le prince Charles III lui-même la prenne au sérieux.

Nous ne savons pas du tout ce qui est réellement d'une clause aussi léonine, mais fût-elle aussi exorbitante qu'on l'a prétendu, elle demeurerait vaine, nulle, et non avenue de plein droit, le jour où, contraint par la pression de l'Europe, le gouvernement monégasque serait amené à révoquer le privilège concédé. La force majeure ferait intervenir souverainement le *droit du prince* ; quand on subit des événements dont on n'est pas le maître, on n'est jamais tenu d'aucun dommage ni indemnité.

D'ailleurs les abus, les excès, les fautes graves commis dans la pratique du privilège, suffisent aux yeux de tous les tribunaux du monde à en justifier la révocation, sans que le concessionnaire évincé puisse élever la moindre réclamation. Heureux sera-t-il même, si la justice criminelle ne vient pas lui demander compte de sa gestion.

Qu'on écarte donc ce naïf épouvantail d'une colossale indemnité, comme cette crainte mal fondée de la pénurie du trésor monégasque.

Nous irons plus loin. S'il est indispensable de demander aux habitants de payer quelques taxes, comme les citoyens de toutes les autres contrées du monde, ils seront heureux, tous les premiers, d'accepter ce fardeau, pour être délivrés de l'ilotisme moral tout spécial auquel les astreint la jalousie de l'administration toute-puissante du Casino. Ce serait justice d'ailleurs, et l'on ne doit pas s'arrêter autrement à cette objection d'ordre purement sentimental qui voudrait transformer le rocher monégasque en une contrée de féerie.

La réforme de l'organisation de l'Etat par la suppression des jeux, est si possible, si pratique, qu'elle est actuellement résolue en principe. Le prince héritier, S A. S. Albert-Honoré-Charles, né en 1848 et âgé de 36 ans, n'a pas hésité, en maintes occasions, à déclarer qu'il est parfaitement décidé pour son compte à supprimer le privilège des jeux, le jour où il exercera le souverain pouvoir. Ce prince, qui est maintenant un homme fait, n'a pas parlé à la légère. Il a envisagé les conséquences de tout ordre d'une telle mesure. Aucune ne l'a effrayé. Et l'on peut croire qu'il n'est pas disposé, en échange de la réforme, à accabler ses sujets.

Au courant du présent mois d'avril 1884, il était en Allemagne ; il y a été reçu et accueilli avec une extrême cordialité par le prince impérial et par la princesse sa femme. Il s'y est entretenu avec les hommes d'Etat qui dirigent la politique allemande et s'intéressent efficacement à celle de l'Europe. Quand on sait de quel œil à Berlin on envisage cette question du jeu, il n'est ni téméraire, ni indiscret de dire que le prince a été vivement félicité et encouragé dans sa louable résolution.

Nul doute n'est donc admissible : on peut débarrasser facilement l'Europe du chancre qui a son siège à Monaco.

L'opération chirurgicale, pour la rendre plus efficace, plus acceptable aussi, peut être précédée d'une consultation des chirurgiens appartenant aux divers pays intéressés. Nous pensons qu'un échange de vues entre les chancelleries, qu'une conférence de leurs ambassadeurs au besoin, s'occuperait utilement de donner à cette solution une forme à la fois plus solennelle et plus inattaquable. Il est bon qu'elle apparaisse comme une sentence rendue par l'aréopage européen.

L'opérateur est déjà tout désigné : c'est la France, à laquelle les traités, comme la tradition, réservent cet honneur et cette responsabilité. Mais, armée de la consultation officielle des puissances, la France ne rencontrera plus devant elle aucune objection, ni à l'intérieur, ni à Monaco, ni au dehors. Elle se rendra à l'invitation catégorique, quoique courtoise et amicale, de l'Europe, et rectifiera en les complétant, s'il y a lieu, les conventions qui ont fixé ses rapports avec le souverain indépendant de Monaco.

Ce dernier n'en verra pas diminuer ses droits, ni son pouvoir. Loin de là : l'intervention résolue de la France, cédant au vœu européen, le délivrera d'une sujétion intolérable, indigne, scandaleuse, qui n'offre plus aujourd'hui au monde qu'un étonnement : celui de sa longue durée. (1)

---

(1) Si l'on se trouvait embarrassé au Quai d'Orsay, pour entamer la question, pour attacher le grelot, comme on dit vulgairement, nous conseillerions aux successeurs de M. de Freycinet, en proie aux mêmes scrupules que lui, de rechercher dans les archives du ministère les documents relatifs au litige entre Monaco et la Turbie.

Certains bons esprits, en Italie comme en France, en Italie surtout, prétendent, en effet, que le territoire de Monte-Carlo appartient à la Turbie, qu'il n'a jamais été cédé à Monaco, qu'il est Français par conséquent. Cette querelle est fort ancienne déjà. Elle n'a jamais reçu une solution formelle ni bien nette.

Le seul examen par voie diplomatique, c'est-à-dire de concert avec l'Italie, de ce point de fait, suffirait pour ouvrir la voie à la réforme que nous demandons.

IX

Les Apologistes

Si la suppression des jeux est dans le vœu de toutes les populations, elle est reconnue désirable, utile, indispensable par l'immense majorité des gouvernements. Nous l'avons suffisamment démontré déjà.

Que faut-il donc pour décider les initiatives encore rebelles ?

Il faut la pression de l'opinion publique. En Angleterre, en Italie, en Allemagne, en Autriche, la presse a vaillamment fait son devoir. Elle a, sans se lasser, réclamé la cessation du scandale. Les plaintes ont retenti du haut de la tribune parlementaire et la flétrissure est tombée de haut sur l'exploitation intolérable du vice qui se perpétue à Monte-Carlo.

Seule la presse française est, en quelque sorte, restée muette. Ceux de ses organes qui se targuent avec raison d'être les plus répandus, les plus lus, les plus influents, se renferment, au sujet de Monte-Carlo, dans un silence absolu, bienveillant, quand ils ne s'ouvrent pas à des éloges hyperboliques des délices organisées pour les victimes par l'administration du Casino.

Si, par hasard, on parle du jeu, c'est pour signaler le gain fantastique de soi-disant gros joueurs non moins imaginaires que leurs bénéfices de féerie, ou bien encore pour vanter les énormes profits de la cagnotte extorqués à l'inexpérience, à la naïveté, à la bêtise de la foule des petits joueurs.

C'est que la presse française, la presse parisienne surtout, est dans sa plus grande partie achetée par l'administration des jeux.

Achetée pour se taire sur les scandales de chaque jour ; achetée pour dissimuler les suicides, les meurtres, les assassinats ; achetée pour fermer les yeux sur l'immoralité de la conduite de la régie vis-à-vis des joueurs ; achetée enfin pour qu'elle ne s'avise pas de faire ce que nous tentons ici : soulever l'Opinion contre un brigandage digne des pires barbaries.

Les principaux journaux reçoivent une subvention annuelle. — Le chiffre total de ces subventions est fixé par l'assemblée générale des actionnaires ou porteurs de parts. — En 1884, celle-ci est convoquée pour le 29 avril courant. — Il est ensuite réparti par l'administration à sa guise, selon le zèle des journaux, surtout selon la crainte que leur intervention peut lui inspirer.

On sait que Nice pullule de feuilles ignorées, uniquement entretenues par l'argent qu'elles puisent dans la caisse de Monte-Carlo. La direction se soumet à ce chantage aussi odieux que régulier, tant elle redoute le tapage d'une indiscrétion savamment développée, ou simplement l'éclat de la vérité.

Et nous n'en voulons d'autre preuve que ce lambeau d'une polémique d'hier au sujet des élections municipales. M. Borriglione, député et maire de Nice, ayant assisté aux fêtes de nuit données dans les jardins de Monte-Carlo, s'est vu demander impérativement des explications :

La vérité, c'est que M. Borriglione ne pouvait se dispenser d'assister à cette fête impériale, donnée par le tripot de Monte-Carlo, avec l'or des décavés, parce que l'or des décavés alimente la caisse des journaux qui soutiennent la cause de M. Borriglione.

Si le maire de Nice ne veut pas être accusé d'entretenir le séparatisme niçois, il ne saurait prétendre qu'il n'encourage pas, par ses relations, par sa présence aux fêtes du tripot de Monte-Carlo, par les subventions payées par ce tripot aux journaux de la municipalité, l'existence de la maison de jeux contre laquelle s'élèvent tous les électeurs ?

Comment se fait-il donc que tous les journaux niçois, à quelque opinion qu'ils appartiennent, n'attaquent pas le Casino de Monte-Carlo sans attaquer en même temps le maire, député de Nice ? Et comment se fait-il que les journaux qui défendent les actes du maire de Nice soient les mêmes qui, subventionnés par la caisse du tripot de Monte-Carlo, font l'éloge des fêtes et des soirées données à ce tripot, en même temps que le silence sur les protestations dont il est l'objet.

Il n'est pas sans intérêt de soulever cette question au moment du renouvellement des conseils municipaux, renouvellement qui doit amener M. Borriglione devant ses électeurs. Il nous semble que les contribuables niçois, que les électeurs niçois, ont un intérêt immédiat à connaître quels sont les liens qui attachent M. Borriglione aux administrateurs du tripot de Monte-Carlo, chez lesquels il va festoyer, et quels sont ses sentiments, comme maire et comme député, sur l'existence dudit tripot.

Nous n'avons pas à savoir si M. Borriglione a des intérêts financiers dans la maison de jeux de Monte-Carlo, mais nous avons le droit de connaître si le maire de Nice est avec les électeurs et les contribuables niçois qui demandent au gouvernement la suppression des jeux de Monaco.

Si le maire de Nice est sur ce point d'accord avec les électeurs, il lui restera à expliquer les raisons de sa présence aux fêtes du tripot, et pourquoi les journaux municipaux qu'il inspire et qui parlent en son nom, reçoivent une subvention du Casino de Monte-Carlo.

S'il garde le silence sur ce point comme sur les autres, on saura que le maire de Nice est pour la roulette contre ses électeurs et contre l'intérêt de la ville qu'il représente.

Ce spécimen donne une idée exacte de la situation. La presse influente est vendue ; on achète la complicité de son silence au poids de l'or.

L'autre, on lui laisse user ses dents sur la lime dorée, qui se rit de ses efforts.

L'extrait de journal qu'on vient de voir, ce qu'on a lu dans la pétition parlementaire adressée aux 44, montrent si bien établie la foi aux habitudes vénales et corruptrices de Monte-Carlo que l'opinion s'emporte jusqu'à accuser de s'être laissés séduire beaucoup de députés et de personnages politiques français.

Il est en effet des hommes dont l'indifférence en un tel sujet ne se comprend pas et, quand on cherche à se l'expliquer, lorsqu'on les a vus aller à Monaco, on conclut un peu vite qu'ils ont été circonvenus, adulés, et parfois qu'on les a intéressés à la prospérité de la roulette.

Dieu nous garde de reprendre pour notre compte de telles accusations ! Mais le fonctionnement d'une institution qui les rend possibles, qui leur prête même quelque vraisemblance, n'est-il pas abominable ?

Et maintenant que l'opinion va être saisie d'une façon définitive, que nos Chambres vont être appelées à s'occuper de cette question du jeu, il ne faut pas que par leur attitude insouciante, nos représentants méritent de nouveau les suspicions outrageantes qu'on a arbitrairement fait peser sur eux.

En dehors de la presse, qui soutient le jeu par son silence, on a vu paraître divers volumes inspirés et soudoyés par la direction du Casino. Ceux-ci parlent du jeu, mais en passant, effleurant à peine la question.

Ils se bornent à reproduire cette banalité que Monte-Carlo est moins dangereux que les cercles et surtout les tripots clandestins.

Nous n'avons pas à défendre ceux-ci qui sont une peste pour nos grandes villes. Quant aux cercles, il y aurait beaucoup à dire sur leur organisation. Mais encore faut-il constater qu'ils sont tenus en tutelle, qu'ils sont responsables vis-à-vis de l'administration, qu'ils peuvent être supprimés à la moindre faute, du jour au lendemain, sans débat ni défense, qu'enfin ils font leur propre police, qu'on n'y entre pas absolument comme on veut, qu'ils n'admettent ni les femmes ni les mineurs, et qu'après tout on n'y voit pas les suicides et les assassinats qui font de Monte-Carlo un coupe-gorge.

On donne aussi comme excuse le désir souvent manifesté de voir rétablir les jeux en France, comme avant 1838. C'est une pensée qu'en effet nous avons entendu maintes fois exprimer depuis que le déficit menace nos budgets. Ses partisans voudraient que, dans la concession et la ferme des maisons de jeu, le gouvernement trouvât un supplément de revenu pour le Trésor.

D'autres souhaitent que ce revenu aille grossir les ressources de l'Assistance publique.

Nous ne croyons guère à la prochaine réalisation de ce désir. Mais s'il devait être pris en considération, si le législateur devait permettre le rétablissement des jeux, à coup sûr il entourerait ces derniers d'une surveillance rigoureuse qu'il ne laisserait à personne qu'aux agents de l'autorité le soin d'exercer : il protégerait contre leur entraînement l'inexpérience de la jeunesse et la faiblesse de la femme ; il en écarterait l'infâme raccolage qui est un des procédés les plus habituels de la prostitution ; en un mot, il empêcherait les établissements autorisés par lui de se transformer en un repaire, à la fois coupe-gorge et maison de tolérance.

On ne peut empêcher les hommes de jouer. C'est vrai.

Mais on peut sérieusement surveiller le jeu, en régler les conditions, équilibrer ses chances ; on peut enfin prendre des mesures pour que le joueur ne soit pas fatalement la victime du banquier.

En tous cas, si l'on n'y admettait que des hommes faits, avec des précautions raisonnables, ceux-ci n'encourraient pas d'aléas beaucoup plus dangereux que celui auquel les expose la loterie.

D'ailleurs, c'est là un sujet qui ne saurait rentrer dans notre cadre. Il vaut à lui seul une étude complète qui ne peut trouver place ici.

Qu'oppose-t-on en somme ?

Les 18 millions de bénéfice annuel : le dividende énorme distribué aux porteurs de parts.

Cela peut être fort intéressant pour ceux qui bénéficient de l'exploitation, mais cela touche fort peu l'opinion, les gouvernements et le public.

Mais ces parts elles-mêmes, elles sont l'objet d'un trafic honteux, compromettant pour la dignité, pour la probité, pour l'honneur des grandes familles alliées à celle de M. Blanc.

Le prince Radziwill a hérité d'un tiers des parts possédées par le vrai fondateur de Monte-Carlo. Le prince Roland Bonaparte d'un autre tiers. — A plusieurs reprises, on a signalé des intrigues politico-financières, dans lesquelles la Banque, se mettant au service de la diplomatie, allait peut-être soulever un litige des plus épineux au sujet d'une occupation du territoire monégasque. — Nous ne voulons pas chercher ce qu'il y eut de plus ou moins fondé dans les bruits répandus. Ici encore, tel financier a pu se targuer faussement d'être le mandataire, l'émissaire mystérieux d'un homme d'Etat. Mais c'est par ces procédés souterrains que s'engagent d'ordinaire les problèmes les plus redoutables qui mettent en péril l'équilibre de l'Europe et la paix du monde.

Monaco est bien petit, mais aussi admirablement placé pour devenir l'allumette qui commence un incendie général.

Il est de l'intérêt de tous, peuples et gouvernements, qu'une telle occasion disparaisse, — que la sécurité des pays européens ne soit plus à la merci de spéculateurs aventureux et sans conscience.

Si l'on doutait de la réalité d'un tel danger, qu'on veuille bien songer à l'isthme de Suez et aux 175,000 actions du khédive Ismaïl, que l'Angleterre s'est soudainement appropriées par un achat mystérieux ; qu'on se souvienne de l'effroyable complication que cet achat a jetée dans la situation internationale.

Il est absolument inutile qu'on laisse possible un coup de ce genre pour Monaco. Les conséquences seraient pires encore.

CONCLUSION

Il n'y a pas bien longtemps, l'Europe, à l'appel de l'Angleterre, aiguillonnée par les clameurs de l'opinion, sut se coaliser pour extirper une plaie sociale qui déshonorait le monde. Cette plaie sévissait cependant sur des régions éloignées, et n'avait aucune influence morbide sur les populations continentales.

Il s'agissait de la traite des nègres. L'action concertée des puissances sut abolir cet odieux trafic de chair humaine.

A cette heure même, la question se pose dans le Soudan, et malgré la rivalité des intérêts en présence, pas une voix ne s'est élevée pour qu'on rendît la liberté de leur commerce aux marchands d'hommes noirs.

L'Europe reconnaît donc, elle sanctionne une morale sociale, internationale, pour le respect de laquelle elle a consenti de gros sacrifices, dépensant généreusement le sang de ses soldats et l'or de ses budgets.

A Monte-Carlo s'exerce une traite d'un nouveau genre, traite des blancs comme des noirs, des blancs surtout, qui s'attaque aux fortunes les mieux assises, aux entreprises les plus précieuses de chaque nation européenne, si dangereuse, que les citoyens de Monaco seuls en sont préservés par l'interdiction d'entrer au Casino.

Cette exploitation éhontée, ce brigandage savant et légal, est aussi funeste aux vies humaines qu'aux fortunes, à l'intelligence et à la moralité qu'à la vie. 4

La mesure des excès, des scandales, des crimes, est pleine.

Les gémissements des victimes sont universels, unanimes.

La presse, les Parlements retentissent des plaintes et des doléances des familles éprouvées. La conscience publique proteste avec la dernière énergie.

Des pétitions circulent, d'autres vont être lancées encore dans tous les pays. C'est une campagne décisive qu'il s'agit d'organiser et pour laquelle nous faisons appel à toutes les bonnes volontés, à tous les courages, à tous les hommes de cœur.

L'occasion est favorable, l'heure propice ; il serait coupable de la laisser passer.

L'œuvre d'assainissement universel qui s'entreprend dans les plus hautes régions diplomatiques, doit porter sur toutes les plaies de la vieille société européenne. L'extirpation du jeu scandaleux, affermé sans contrôle, comme une exploitation patentée d'un vice humain, est un des remèdes que la nouvelle Sainte Alliance ne peut négliger.

L'homme d'État qui, de Warzin ou de Berlin a jeté les bases de cette ligue de préservation sociale internationale, a promptement …ruit les repaires analogues qui fonctionnaient dans le jeune empire restauré par son génie. Son opinion est connue, elle exercera sur l'esprit des diplomates, ses collaborateurs, une autorité méritée.

Le concours de toutes les chancelleries lui est acquis déjà. — Toutes se sont engagées par les déclarations que leurs gouvernements ont données à leurs peuples respectifs. —

La chancellerie française elle-même a témoigné qu'elle partage leur appréciation et leur désir.

La France n'a donc pas d'intérêt à résister. Le jeu n'est pas chez elle ; elle n'en profite pas.

Elle n'a ici ni proscrits à protéger, ni liberté à défendre; il n'y a qu'un repaire à fermer. Elle s'honorera en y prêtant la main et en se rendant à l'invitation de tous ses voisins ou alliés.

Elle ne s'expose à aucun désagrément, à aucune représaille, à aucune complication.

On ne lui demande pas une solution extrême; personne ne veut menacer l'indépendance de Monaco ni la souveraineté de son prince; ce qu'il faut supprimer, ce qui est intolérable, c'est le brigandage de Monte-Carlo, qui brave toute pudeur, toute honnêteté, toute règle et toute répression.

L'intérêt est d'ordre international, chacun l'avoue aujourd'hui. La Principauté même ne pourra protester, car loin de lui porter un préjudice, la suppression des jeux la guérira du chancre doré qui en fait un épouvantable foyer de gangrène pour toutes les nations.

Paris. Alcan-Lévy, Imp. breveté, 18, passage des Deux-Sœurs

9 782019 673529